BI FAGNA JEAN BAPTISTE SAMI

LES DEMOCRATES VOIENT LA DEMOCRATIE COMME OBSACLE A LEURS OBJECTIFS

BI FAGNA JEAN BAPTISTE SAMI

LES DEMOCRATES VOIENT LA DEMOCRATIE COMME OBSACLE A LEURS OBJECTIFS

Le point de vue des démocrates sur la démocratie comme obstacle à leurs objectifs

Dictus Publishing

Imprint

Cover image: www.ingimage.com

Publisher:
Dictus Publishing
is a trademark of
Dodo Books Indian Ocean Ltd. and OmniScriptum S.R.L publishing group

120 High Road, East Finchley, London, N2 9ED, United Kingdom
Str. Armeneasca 28/1, office 1, Chisinau MD-2012, Republic of Moldova, Europe
Printed at: see last page
ISBN: 978-613-7-35735-4

Sommaire

Introduction :

La démocratie est un système politique fondé sur la participation du peuple aux décisions et à la gestion des affaires publiques. Cependant, certains acteurs politiques, en l'occurrence les démocrates, semblent considérer la démocratie comme un obstacle à la réalisation de leurs objectifs. Dans cet essai, nous allons examiner la vision des démocrates sur la démocratie, leurs objectifs et les différentes manières dont ils perçoivent cette forme de gouvernance.

1. La vision des démocrates sur la démocratie

Les démocrates, en tant que parti politique, ont une vision de la démocratie qui repose principalement sur les principes de liberté, égalité et justice pour tous les citoyens. Ils croient en un gouvernement qui est responsable envers le peuple et qui protège les droits fondamentaux de chacun.

Les démocrates soutiennent l'idée que la démocratie doit être inclusive et participative, permettant à tous les citoyens d'avoir leur mot à dire dans le processus décisionnel. Ils valorisent la diversité des opinions et la pluralité des voix dans la société, et cherchent à promouvoir un débat public ouvert et équitable.

En matière de gouvernance, les démocrates prônent la transparence, la responsabilité et l'intégrité. Ils croient en un gouvernement ouvert et accessible, qui rend des comptes à la population et qui agit dans l'intérêt général. Ils soutiennent également la lutte contre la corruption et les abus de pouvoir, et défendent les principes de bonne gouvernance.

En ce qui concerne les droits de l'homme, les démocrates sont souvent en faveur de politiques qui protègent et promeuvent les libertés individuelles et civiles, telles que la liberté d'expression, la liberté de la presse, la liberté de religion, et les droits des minorités et des groupes marginaux.

En résumé, la vision des démocrates sur la démocratie est celle d'un système politique qui favorise la participation citoyenne, la justice sociale et l'égalité des chances pour tous. Ils cherchent à construire une société plus démocratique, inclusive et équitable, où chacun a une voix et une place dans la prise de décision politique.Les démocrates croient également en l'importance de la protection des institutions démocratiques et de l'État de droit. Ils pensent qu'il est essentiel de préserver la séparation des pouvoirs, l'indépendance de la justice et le respect des droits constitutionnels pour garantir le bon fonctionnement de la démocratie.

Sur le plan des politiques publiques, les démocrates mettent souvent l'accent sur la promotion de l'égalité des chances, la justice sociale et la protection des plus vulnérables de la société. Ils soutiennent généralement des politiques progressistes en matière d'éducation, de santé, de protection sociale, d'environnement et d'économie, dans le but de réduire les inégalités et de favoriser le bien-être de tous les citoyens.

Enfin, les démocrates sont souvent en faveur d'une approche multilatérale et coopérative en matière de relations internationales. Ils croient en la nécessité de coopérer avec d'autres nations, de respecter le droit international et de promouvoir la paix et la sécurité mondiales à travers le dialogue et la diplomatie.

En somme, la vision des démocrates sur la démocratie est celle d'un système politique basé sur la participation citoyenne, la justice sociale, la transparence et la responsabilité gouvernementale, dans le but de créer une société plus inclusive, équitable et respectueuse des droits de tous ses membres.

2. Les objectifs des démocrates

Les démocrates ont généralement plusieurs objectifs et valeurs principaux qui guident leurs actions politiques. Voici quelques-uns des objectifs clés des démocrates :

1. Promouvoir l'égalité des chances : Les démocrates croient en l'importance de donner à chacun les mêmes chances de réussir, quel que soit son origine sociale, sa race, son genre ou son orientation sexuelle. Ils soutiennent des politiques visant à réduire les inégalités socio-économiques et à garantir l'accès équitable à l'éducation, aux soins de santé, à l'emploi et à d'autres opportunités.

2. Protéger les droits individuels et les libertés civiles : Les démocrates sont des défenseurs des droits individuels fondamentaux, tels que la liberté d'expression, la liberté de culte, le droit à l'égalité devant la loi et le respect de la vie privée. Ils s'opposent à toute forme de discrimination et de violation des droits de l'homme et militent pour une société inclusive et respectueuse de la diversité.

3. Favoriser la justice sociale : Les démocrates soutiennent des politiques visant à réduire la pauvreté, l'exclusion sociale et les inégalités économiques. Ils prônent des mesures de redistribution des richesses, des programmes sociaux solides et des politiques de lutte contre la précarité afin de garantir à chacun un niveau de vie décent et des opportunités équitables.

4. Protéger l'environnement et lutter contre le changement climatique : Les démocrates sont généralement très engagés dans la protection de l'environnement et la promotion du développement durable. Ils soutiennent des mesures pour réduire les émissions de gaz à effet de serre, favoriser les énergies renouvelables, préserver la biodiversité et lutter contre la pollution afin de protéger la planète pour les générations futures.

5. Favoriser la coopération internationale et la paix mondiale : Les démocrates prônent une approche multilatérale et coopérative en matière de politique étrangère. Ils croient en la nécessité de collaborer avec d'autres pays pour résoudre les problèmes mondiaux, tels que les crises humanitaires, les conflits armés et les menaces sécuritaires, et promouvoir la paix, la sécurité et le respect du droit international.

6. Promouvoir des politiques de santé et de bien-être : Les démocrates soutiennent généralement des mesures visant à garantir l'accès à des soins de santé abordables et de qualité pour tous les citoyens. Ils militent pour la protection et l'extension de l'assurance maladie, la prévention des maladies, la promotion de la santé mentale et le renforcement des services de santé communautaires.

7. Investir dans l'éducation et la formation : Les démocrates considèrent l'éducation comme un levier essentiel pour l'émancipation individuelle et le progrès collectif. Ils soutiennent des politiques visant à renforcer l'éducation publique, à rendre l'enseignement supérieur plus accessible, à promouvoir la formation

professionnelle et à fournir des opportunités d'apprentissage tout au long de la vie.

8. Réformer le système politique et promouvoir la transparence : Les démocrates cherchent à renforcer la démocratie en luttant contre la corruption, en promouvant la transparence et en garantissant l'équité du processus électoral. Ils prônent des réformes du système politique pour améliorer la représentativité des institutions et accroître la participation citoyenne dans les décisions publiques.

En somme, les démocrates ont pour objectif de construire une société progressiste, équitable et démocratique, où chaque individu a droit à la justice, à la dignité et à l'égalité des chances. Leurs politiques visent à promouvoir le bien-être et le progrès de l'ensemble de la population, à protéger les droits fondamentaux et à promouvoir un développement durable et harmonieux.

En somme, les démocrates visent à construire une société plus équitable, inclusive et durable, basée sur des valeurs de justice, de liberté, d'opportunité et de solidarité. Ils cherchent à promouvoir le bien-être de tous les citoyens, à protéger les droits individuels et collectifs, et à construire un monde pacifique et prospère pour tous.

3. Les obstacles rencontrés par les démocrates

Les démocrates sont confrontés à plusieurs obstacles dans la réalisation de leurs objectifs politiques. Voici quelques-uns des principaux obstacles auxquels ils sont confrontés :

1. Opposition politique : Les démocrates font face à une forte opposition de la part des républicains et d'autres partis politiques qui ont des visions politiques différentes. Cette opposition peut se traduire par des blocages législatifs, des conflits idéologiques et des confrontations politiques qui rendent difficile l'adoption de politiques progressistes.

2. Resistances aux réformes : Les réformes proposées par les démocrates, telles que l'accès universel aux soins de santé, la protection de l'environnement ou la réforme du système électoral, peuvent rencontrer des résistances de la part de certains groupes d'intérêt, de l'industrie ou de personnes qui ont intérêt à maintenir le statu quo.

3. Manque de soutien populaire : Malgré leurs efforts pour promouvoir des politiques progressistes, les démocrates peuvent parfois manquer de soutien populaire, notamment dans certaines régions ou parmi certains groupes démographiques. Cela peut rendre difficile la mise en œuvre de réformes majeures et limiter l'impact de leurs actions politiques.

4. Complexité des problèmes : Les défis auxquels sont confrontées les sociétés modernes sont souvent complexes et interconnectés. Les démocrates doivent faire face à des problématiques telles que le changement climatique, l'inégalité économique, la discrimination raciale, l'immigration, etc., qui nécessitent des réponses politiques nuancées et multi-dimensionnelles.

5. Influence des lobbies et de l'argent en politique : Les démocrates sont confrontés à l'influence des grands lobbies, des intérêts privés et de l'argent en politique, ce qui peut compliquer la prise de décision politique et limiter l'indépendance des représentants politiques vis-à-vis des intérêts particuliers.

6. Divisions au sein du parti : Les démocrates peuvent également être confrontés à des divisions internes en ce qui concerne les priorités politiques, les stratégies à adopter ou les personnalités à soutenir. Ces divisions peuvent affaiblir la cohésion du parti et entraver sa capacité à avancer de manière unie vers ses objectifs communs.

7. Désinformation et manipulation de l'opinion publique : Les démocrates doivent faire face à la propagation de la désinformation, des fausses nouvelles et de la manipulation de l'opinion publique, notamment à travers les réseaux sociaux et certains médias. Cela peut rendre difficile la communication efficace de leurs messages politiques et nourrir la polarisation de la société.

8. Résistance institutionnelle : Les démocrates peuvent également être confrontés à une résistance institutionnelle de la part de certains organismes gouvernementaux, de l'appareil judiciaire ou des forces de l'ordre. Cette résistance peut entraver la mise en œuvre de politiques progressistes ou la protection des droits et libertés des citoyens.

9. Influence des intérêts économiques : Les démocrates doivent composer avec l'influence des intérêts économiques puissants, tels que les grandes entreprises, les banques ou les lobbys de l'industrie. Cette influence peut peser sur les décisions politiques et limiter la capacité des démocrates à défendre les intérêts des populations les plus vulnérables.

En dépit de ces obstacles, les démocrates continuent à s'engager pour la défense de la démocratie, des droits civils, des libertés individuelles et de la justice sociale. Ils cherchent à surmonter ces défis en mobilisant les citoyens, en promouvant la transparence et la responsabilité, et en travaillant en collaboration avec d'autres forces progressistes pour construire un avenir meilleur pour tous.

Malgré ces obstacles, les démocrates continuent à lutter pour promouvoir leurs valeurs et leurs idéaux politiques, en s'appuyant sur la mobilisation citoyenne, la solidarité entre les différents mouvements progressistes et la promotion du dialogue politique pour surmonter les obstacles et avancer vers la construction d'une société plus inclusive, équitable et durable.

4. La remise en cause de la démocratie par les démocrates

La remise en cause de la démocratie par certains démocrates est un sujet complexe et controversé qui soulève des questions fondamentales sur la nature de la démocratie et sur la manière dont elle devrait être exercée. Il existe en effet des courants au sein du parti démocrate qui remettent en question le fonctionnement de la démocratie telle qu'elle est pratiquée aux États-Unis et qui appellent à des réformes importantes pour renforcer la participation citoyenne, la représentativité politique et la justice sociale.

Certaines critiques émanent de démocrates progressistes qui estiment que le système politique américain est profondément inégalitaire et injuste, favorisant les intérêts des élites économiques et politiques au détriment de la majorité des citoyens. Ils dénoncent notamment le poids croissant de l'argent en politique, les barrières à la participation électorale, la polarisation partisane et le manque de diversité et d'inclusivité dans les instances de pouvoir.

Ces démocrates appellent donc à des réformes démocratiques radicales, telles que la limitation du financement privé des campagnes électorales, la réforme du collège électoral, le renforcement des droits de vote, la lutte contre la suppression des électeurs, la création d'une représentation proportionnelle ou la promotion de la démocratie directe à travers des mécanismes de participation citoyenne renforcée.

D'autres critiques émanent de démocrates modérés ou conservateurs qui s'inquiètent de l'instabilité politique et de la montée des extrémismes, tant à droite qu'à gauche. Ils mettent en garde contre les dérives populistes, le désenchantement démocratique et le non-respect des institutions et des règles du jeu démocratique.

Ces démocrates prônent donc un retour à un certain consensus politico-institutionnel, basé sur le respect des normes démocratiques, le compromis bipartisan et le respect des contre-pouvoirs. Ils soulignent l'importance de restaurer la confiance des citoyens dans leurs institutions et de promouvoir un dialogue constructif entre les différentes forces politiques pour surmonter les divisions et les blocages actuels.

Il est également important de noter que la remise en cause de la démocratie par certains démocrates peut être amplifiée par des événements politiques récents, tels que les élections de 2016 et 2020, marquées par des accusations de manipulation électorale, de désinformation et d'ingérences étrangères. Ces événements ont suscité des interrogations sur la légitimité des processus électoraux et sur la capacité des institutions démocratiques à garantir des élections libres et équitables.

Dans ce contexte, certains démocrates affirment que la démocratie américaine est en crise et qu'il est nécessaire de la réformer en profondeur pour restaurer la confiance des citoyens dans le système politique. Cela peut passer par des mesures telles que la réforme du système électoral, la promotion de la transparence et de la responsabilité politique, ou encore la lutte contre la corruption et les abus de pouvoir.

Il est également important de souligner que la remise en cause de la démocratie par les démocrates ne constitue pas un rejet de principe de ce régime politique, mais plutôt une volonté de le perfectionner et de le rendre plus inclusif, équitable et efficace. Il s'agit donc d'une démarche constructive visant à renforcer les fondements de la démocratie et à garantir sa pérennité dans un contexte de mutations rapides et de défis majeurs.

En fin de compte, la remise en cause de la démocratie par les démocrates est le signe d'une réflexion profonde et nécessaire sur le fonctionnement de nos institutions politiques et sur les moyens de les adapter aux exigences de notre époque. Elle interpelle l'ensemble de la société sur la nécessité de défendre et de promouvoir les valeurs démocratiques dans un monde en mutation, marqué par des défis majeurs tels que les inégalités sociales, les changements climatiques ou les menaces sur les libertés individuelles.

En fin de compte, la remise en cause de la démocratie par les démocrates reflète la diversité des opinions et des courants de pensée au sein du parti, ainsi que la complexité des enjeux politiques et sociétaux auxquels les États-Unis sont confrontés. Elle pose la question essentielle de la manière dont la démocratie peut être renforcée, améliorée et adaptée aux défis du XXIe siècle, tout en préservant ses valeurs fondamentales de liberté, d'égalité et de justice pour tous.

5. L'abus de pouvoir des démocrates

L'abus de pouvoir des démocrates peut prendre différentes formes et avoir des conséquences néfastes sur la démocratie et les droits des citoyens. Voici quelques exemples concrets de cette pratique:

1. Manipulation des élections: Les démocrates ont été accusés de manipuler les élections en utilisant des tactiques telles que le bourrage des urnes, la suppression des votes, ou la modification des circonscriptions électorales pour favoriser leur campagne. Ces pratiques minent la confiance des citoyens dans le processus démocratique et faussent les résultats des élections.

2. Contrôle des médias: Les démocrates ont parfois tenté d'exercer un contrôle excessif sur les médias en limitant la liberté de la presse et en censurant les voix dissidentes. Cela limite la liberté d'expression et la transparence nécessaire à un fonctionnement démocratique.

3. Utilisation de la justice à des fins politiques: Les démocrates peuvent parfois abuser de leur pouvoir en utilisant le système judiciaire pour poursuivre et réprimer leurs opposants politiques. Cela crée un climat de peur et d'intimidation qui empêche le débat ouvert et la critique constructive.

4. Corruption et favoritisme: Les démocrates peuvent également abuser de leur pouvoir en favorisant leurs alliés politiques ou en acceptant des pots-de-vin en échange de faveurs politiques. Cela mine

l'intégrité du système politique et compromet la légitimité des décisions prises par le parti au pouvoir.

En somme, l'abus de pouvoir des démocrates peut être extrêmement préjudiciable à la démocratie et à l'État de droit. Il est essentiel de rester vigilant et de dénoncer toute forme de corruption, de manipulation ou d'intimidation de la part des dirigeants démocrates afin de protéger les fondements de la démocratie et de garantir des élections libres et équitables.

6. Les critiques envers les démocrates

Les critiques envers les démocrates sont nombreuses et variées, provenant souvent des républicains, des indépendants et même de certains membres de leur propre parti. Voici quelques-unes des principales critiques :

1. Gestion des finances publiques : Les démocrates sont souvent critiqués pour leurs politiques de dépenses publiques excessives et de déficits budgétaires croissants. Certains estiment que leur vision généreuse des programmes sociaux et de soutien aux plus démunis entraîne une augmentation de la dette nationale et des impôts.

2. Interventionnisme gouvernemental : Les démocrates sont souvent accusés d'être en faveur d'un plus grand rôle de l'État dans l'économie et la société, ce qui peut être perçu comme une atteinte à la liberté individuelle et à l'initiative privée.

3. Progressisme radical : Certains critiques reprochent aux démocrates d'adopter des positions très progressistes sur des questions sociétales comme l'avortement, les droits des LGBTQ+ ou les politiques environnementales. Ces positions peuvent être perçues comme radicales par certains électeurs plus conservateurs.

4. Défense des droits des minorités : Bien que louable pour certains, la défense intransigeante des droits des minorités par les démocrates

peut être critiquée par ceux qui estiment que cela peut parfois aller à l'encontre des intérêts de la majorité.

5. Parti pris médiatique : Certains accusent les démocrates de bénéficier d'un parti pris médiatique favorable, ce qui leur permettrait de contrôler le récit et de minimiser les critiques à leur encontre.

6. Politique étrangère : Certains critiques reprochent aux démocrates une approche trop conciliante ou faible en matière de politique étrangère, notamment en ce qui concerne la lutte contre le terrorisme, les relations avec des pays hostiles ou la défense des intérêts américains à l'étranger. Certains estiment que les démocrates ne sont pas suffisamment fermes dans leurs négociations et qu'ils manquent de fermeté face aux menaces internationales.

7. Hypocrisie politique : Certains accusent les démocrates d'être hypocrites en ce qui concerne certaines de leurs positions politiques. Par exemple, certains critiquent les démocrates pour leurs discours en faveur de la justice sociale tout en étant eux-mêmes impliqués dans des affaires de corruption ou de comportement peu éthique.

8. Divisions internes : Les démocrates sont un parti diversifié avec des sensibilités politiques différentes, ce qui peut parfois conduire à des divisions internes et à des conflits. Certains accusent les démocrates de ne pas être capables de s'unir autour d'un programme politique clair et cohérent, ce qui nuit à leur efficacité politique.

9. Manque de leadership : Certains militants démocrates critiquent leurs propres dirigeants pour un manque de leadership fort et inspirant. Certains estiment que les démocrates ont du mal à mobiliser leurs troupes et à inspirer confiance chez les électeurs, ce qui peut nuire à leur capacité à remporter des élections importantes.

En conclusion, les critiques envers les démocrates sont variées et peuvent provenir de différentes tendances politiques et opinions. Il est important de reconnaître que chaque parti politique a ses forces et ses faiblesses, et que le débat politique est nécessaire pour permettre une réflexion critique et une amélioration constante des pratiques démocratiques.

Il est important de noter que ces critiques ne sont pas partagées par tous et que de nombreux partisans des démocrates considèrent ces aspects comme des points forts du parti. Il est toujours important d'examiner les opinions et les arguments des deux côtés pour se forger une opinion équilibrée.

7. Les rejets de la démocratie par les démocrates

L'idée que les démocrates rejettent la démocratie est une affirmation qui peut être controversée et nuancée. Il est important de replacer cette affirmation dans son contexte et d'examiner les différents arguments qui soutiennent ou réfutent cette idée.

1. **Critique des systèmes électoraux** : Certains démocrates critiquent les systèmes électoraux en place, notamment le système de vote majoritaire à un tour qui peut favoriser les deux grands partis et marginaliser les petits partis. Ils pourraient préconiser des réformes telles que le vote par rang préférentiel ou la représentation proportionnelle pour favoriser une représentation plus juste et diversifiée des opinions politiques.

2. **Défense des valeurs démocratiques** : Il est important de noter que les démocrates défendent généralement les valeurs démocratiques telles que le respect des droits de l'homme, la liberté d'expression, l'égalité des chances et l'état de droit. Ils peuvent critiquer certaines dérives autoritaires ou antilibérales au sein de la démocratie et appeler à une réforme pour renforcer ses fondements.

3. **Critique du populisme et de la désinformation** : Les démocrates peuvent être critiques à l'égard du populisme et de la propagation de fausses informations qui peuvent sapera la confiance du public dans le processus démocratique. Ils peuvent appeler à une vigilance accrue

contre les discours et actes antidémocratiques qui menacent l'intégrité des institutions démocratiques.

4. **Réformes institutionnelles** : Certains démocrates pourraient appeler à des réformes institutionnelles pour renforcer la démocratie. Cela pourrait inclure des réformes du financement des campagnes, des modifications des procédures électorales pour favoriser une plus grande représentativité, ou la lutte contre la corruption et l'influence indue dans le processus décisionnel.

5. **Défense de la démocratie délibérative** : Certains démocrates soutiennent l'idée d'une démocratie délibérative, qui met l'accent sur la discussion et la délibération entre les citoyens pour parvenir à des décisions collectives. Ils critiquent parfois le fonctionnement actuel des institutions démocratiques qui peuvent favoriser la polarisation politique et les conflits d'intérêts au détriment du dialogue et de la recherche de consensus.

6. **Critique de la domination des élites** : Les démocrates peuvent également critiquer la domination des élites politiques, économiques et médiatiques dans le processus démocratique. Ils soulignent l'importance de lutter contre les inégalités de pouvoir et d'accès aux ressources qui peuvent restreindre la participation démocratique de certains groupes de la société.

7. **Appel à une démocratie plus participative** : Certains démocrates prônent une démocratie plus participative, qui donnerait plus de voix et de pouvoirs aux citoyens dans le processus décisionnel.

Ils soutiennent des initiatives telles que les référendums, les assemblées citoyennes ou les budgets participatifs pour renforcer l'engagement citoyen et la responsabilité des gouvernants.

En fin de compte, les démocrates qui critiquent ou remettent en question certains aspects de la démocratie le font souvent dans un esprit de réforme et d'amélioration du système, et non pas dans une logique de rejet pur et simple de la démocratie en tant que mode de gouvernance. La diversité des opinions et des approches au sein de la famille démocratique contribue à enrichir le débat politique et à promouvoir une démocratie plus solide et inclusive.

En résumé, bien que certaines critiques démocrates puissent sembler remettre en question certains aspects de la démocratie, il est souvent dans le but de renforcer et d'améliorer les institutions démocratiques. La démocratie étant un système évolutif et perfectible, le débat démocratique et la critique constructive sont des éléments essentiels pour son bon fonctionnement et son renforcement.

8. Les manipulations des démocrates pour contourner la démocratie

Il est important de noter qu'il existe des cas où certains acteurs politiques se réclamant de la démocratie peuvent manipuler le système démocratique pour servir leurs intérêts particuliers et contourner les principes démocratiques fondamentaux. Ces manipulations peuvent prendre différentes formes et avoir des conséquences néfastes sur la santé de la démocratie. Voici quelques exemples de manipulations courantes utilisées pour contourner la démocratie :

1. **Manipulation des élections** : Une des formes les plus graves de manipulation démocratique est la fraude électorale, qui peut prendre différentes formes telles que l'achat de votes, l'intimidation des électeurs, la falsification des résultats ou la suppression de votes. Ces pratiques visent à fausser les résultats des élections et à maintenir au pouvoir des élites politiques ou des partis dominants.

2. **Borderline entre faux et vrai** : Certains démocrates peuvent être enclins à utiliser des discours ou des informations trompeuses pour influencer l'opinion publique et gagner des soutiens politiques. Cette manipulation de l'information peut contribuer à la désinformation et à la polarisation politique, affaiblissant ainsi la confiance des citoyens dans le processus démocratique.

3. **Captation des institutions** : Certaines élites politiques peuvent chercher à capturer les institutions démocratiques telles que les organes de régulation, les tribunaux ou les médias pour les mettre au service de leurs intérêts. Cela peut se traduire par une absence d'indépendance et d'impartialité des institutions, compromettant ainsi l'équilibre des pouvoirs et la reddition de comptes.

4. **Contournement des règles démocratiques** : Certains acteurs politiques peuvent chercher à contourner les règles démocratiques en adoptant des réformes constitutionnelles ou législatives visant à restreindre les libertés civiques, à affaiblir les contre-pouvoirs ou à concentrer davantage de pouvoirs entre les mains de l'exécutif. Ces pratiques peuvent affaiblir les fondements de la démocratie en limitant la participation citoyenne et en renforçant les tendances autoritaires.

Il est également crucial de reconnaître que les manipulations des démocrates pour contourner la démocratie peuvent avoir des répercussions profondes et durables sur la société. En affaiblissant les institutions démocratiques et en sapant la confiance des citoyens dans le système politique, ces pratiques peuvent conduire à l'érosion de la légitimité du gouvernement et à une polarisation croissante de la société.

Les manipulations démocratiques peuvent également avoir des conséquences néfastes sur le respect des droits de l'homme, la justice sociale et l'égalité des chances. En concentrant le pouvoir entre les mains d'une élite politique ou en restreignant les libertés civiques, ces pratiques peuvent marginaliser certaines communautés, étouffer la diversité d'opinions et favoriser l'injustice sociale.

Pour lutter contre ces manipulations et préserver l'intégrité de la démocratie, il est crucial que les citoyens restent informés, critiques et vigilants face aux abus de pouvoir. Les mécanismes de contrôle, de transparence et de reddition de comptes doivent être renforcés pour garantir la tenue d'élections libres et équitables, protéger l'indépendance des institutions démocratiques et promouvoir la participation citoyenne.

En fin de compte, la préservation de la démocratie repose sur l'engagement et la vigilance de tous les acteurs de la société, afin de garantir que le pouvoir reste entre les mains du peuple et que les principes démocratiques fondamentaux sont respectés et défendus.

Il est essentiel de rester vigilant face à ces formes de manipulation démocratique et de promouvoir des mécanismes de contrôle et de transparence pour préserver l'intégrité du processus démocratique. Les démocrates qui s'engagent pour une démocratie authentique et inclusive doivent être prêts à dénoncer et à lutter contre toute forme de manipulation visant à affaiblir les principes démocratiques et à concentrer le pouvoir entre les mains d'une minorité.

9. Les stratégies des démocrates pour atteindre leurs objectifs malgré la démocratie

1. **Manipulation subtile de l'opinion publique** : Plutôt que d'utiliser des méthodes de manipulation évidentes telles que la fraude électorale, certains acteurs politiques peuvent opter pour des stratégies plus subtiles pour influencer l'opinion publique en leur faveur. Cela peut inclure l'utilisation de discours émotionnels, de fausses promesses ou de campagnes de communication ciblées pour susciter des réactions favorables de la part des électeurs.

2. **Gerrymandering** : Le gerrymandering est une pratique consistant à redécouper les circonscriptions électorales de manière à favoriser un parti politique spécifique. En modifiant les frontières des circonscriptions de manière stratégique, les démocrates peuvent manipuler le système électoral pour garantir une représentation majoritaire, même en cas de soutien populaire minoritaire.

3. **Financement politique opaque** : Les démocrates peuvent également tirer parti de financements politiques opaques pour influencer les résultats des élections et consolider leur pouvoir. En recevant des contributions financières de sources non divulguées ou en utilisant des fonds de campagne illégaux, ces politiciens peuvent contourner les règles de financement électoral et accéder à des ressources qui leur donnent un avantage injuste dans la compétition politique.

4. **Captation des médias** : Les démocrates peuvent essayer de capturer les médias pour contrôler la diffusion de l'information et influencer l'opinion publique. En contrôlant les organes de presse ou en exerçant des pressions sur les journalistes pour promouvoir une certaine perspective politique, ces acteurs politiques peuvent façonner le récit public et renforcer leur position de pouvoir.

5. **Répression de l'opposition** : En utilisant des tactiques répressives telles que la criminalisation des opposants politiques, la censure de la liberté d'expression ou la répression violente des manifestations, les démocrates peuvent chercher à étouffer toute forme de dissidence et à consolider leur emprise sur le pouvoir.

6. **Coalitions politiques et alliances** : Les démocrates peuvent former des coalitions politiques avec d'autres partis ou groupes d'intérêts pour renforcer leur position et atteindre leurs objectifs politiques malgré une minorité de soutien populaire. En s'alliant avec des partenaires stratégiques, ils peuvent bénéficier d'un plus grand soutien politique et augmenter leur poids politique dans les décisions clés.

7. **Réforme électorale** : Plutôt que de contourner les règles démocratiques existantes, les démocrates peuvent travailler à mettre en place des réformes électorales qui favorisent une représentation proportionnelle et équitable. Par exemple, en promouvant la réforme du système électoral pour inclure le vote préférentiel ou le vote par correspondance, ils peuvent garantir une représentation plus juste et démocratique des électeurs.

8. **Mobilisation citoyenne** : Les démocrates peuvent également s'engager dans des efforts de mobilisation citoyenne pour renforcer leur base électorale et influencer les résultats des élections. En encourageant la participation politique, en sensibilisant les électeurs aux enjeux clés et en incitant à voter, ils peuvent accroître leur soutien populaire et consolider leur pouvoir politique de manière légitime.

9. **Réforme institutionnelle** : Les démocrates peuvent également travailler à réformer les institutions démocratiques pour garantir une gouvernance plus transparente, inclusive et responsable. En renforçant les mécanismes de contrôle et d'équilibre, en garantissant l'indépendance des organes de gouvernement et en promouvant la transparence des décisions politiques, ils peuvent renforcer la légitimité de leur mandat et promouvoir la confiance des citoyens dans le processus démocratique.

En fin de compte, il est essentiel que les démocrates s'engagent à respecter les principes fondamentaux de la démocratie, tels que le respect des droits de l'homme, la primauté du droit et la participation citoyenne, même dans la poursuite de leurs objectifs politiques. En restant fidèles à ces valeurs démocratiques, ils peuvent renforcer la légitimité de leur gouvernance et contribuer à la consolidation de la démocratie dans la société.

Il est important de noter que ces stratégies de manipulation démocratique peuvent avoir des conséquences néfastes sur la santé de la démocratie en affaiblissant les principes de transparence, de reddition de comptes et de participation citoyenne. Il est donc essentiel pour les défenseurs de la démocratie de rester vigilants face à ces pratiques et de se mobiliser pour préserver l'intégrité du système démocratique.

10. Les affrontements entre les démocrates et les défenseurs de la démocratie

Les affrontements entre les démocrates et les défenseurs de la démocratie peuvent découler de divergences d'opinions sur la manière dont la démocratie doit être mise en œuvre et protégée. Voici quelques aspects plus détaillés et plus larges à considérer :

1. **Divergences idéologiques** : Les démocrates peuvent être divisés sur des questions politiques et idéologiques, ce qui peut entraîner des confrontations au sein du parti. Par exemple, certains membres du parti peuvent avoir des opinions divergentes sur des sujets tels que les politiques économiques, sociales ou environnementales. Ces divergences peuvent conduire à des affrontements internes qui sapent l'unité et la cohésion du parti.

2. **Conflits de pouvoir** : Les luttes pour le pouvoir et le leadership au sein du parti peuvent également entraîner des affrontements entre les démocrates. Les rivalités personnelles, les ambitions politiques et les désaccords sur la direction à prendre peuvent conduire à des tensions et des conflits internes qui affaiblissent la capacité du parti à agir de manière cohérente et unie.

3. **Opposition des groupes anti-démocratiques** : Les démocrates peuvent également être confrontés à des affrontements avec des groupes anti-démocratiques qui cherchent à saper les fondements de la démocratie. Ces groupes peuvent inclure des mouvements

populistes autoritaires, des extrémistes nationalistes ou des acteurs non étatiques engagés dans des actions violentes et antidémocratiques. Les démocrates doivent résister à ces forces antagonistes et défendre les principes démocratiques contre toute forme d'attaque.

4. **Défis externes** : Les démocrates peuvent également être confrontés à des défis externes provenant d'acteurs étatiques ou non étatiques qui tentent de déstabiliser la démocratie. Cela peut inclure des ingérences étrangères, la diffusion de la désinformation, la corruption et la manipulation des processus électoraux. Les démocrates doivent être vigilants face à ces menaces et prendre des mesures pour protéger et renforcer les institutions démocratiques.

5. **Renforcement des institutions démocratiques** : Pour faire face aux affrontements internes et externes, les démocrates doivent travailler à renforcer les institutions démocratiques. Cela implique de promouvoir la transparence, la responsabilité, l'indépendance judiciaire et le respect de l'État de droit. En renforçant ces institutions, les démocrates peuvent garantir que les processus démocratiques sont équitables, légitimes et résistants aux tentatives de manipulation et de corruption.

6. **Engagement citoyen** : Les démocrates doivent également encourager l'engagement citoyen et la participation démocratique. Les citoyens doivent être encouragés à exercer leur droit de vote, à s'impliquer dans la vie politique et à défendre les valeurs démocratiques. Les démocrates peuvent mobiliser le soutien

populaire en promouvant la citoyenneté active, l'éducation civique et la sensibilisation aux enjeux politiques.

7. **Dialogue et compromis** : Pour surmonter les affrontements internes, les démocrates doivent favoriser le dialogue et le compromis. Il est important de reconnaître la diversité des opinions au sein du parti et d'écouter les points de vue divergents. En favorisant un climat de respect mutuel et de coopération, les démocrates peuvent travailler ensemble pour trouver des solutions aux défis auxquels ils sont confrontés.

En conclusion, les affrontements entre les démocrates et les défenseurs de la démocratie peuvent être surmontés en renforçant l'unité et la cohésion du parti, en défendant les principes démocratiques contre toute forme d'attaque et en travaillant à renforcer les institutions démocratiques. En promouvant l'engagement citoyen, le dialogue et le compromis, les démocrates peuvent défendre et protéger la démocratie contre les forces antagonistes et contribuer à la construction d'une société plus juste, équitable et démocratique.

En fin de compte, pour surmonter les affrontements et les défis auxquels ils sont confrontés, les démocrates doivent rester unis, cohérents et fidèles aux principes fondamentaux de la démocratie. Cela implique de promouvoir le dialogue, le compromis et la tolérance politique, tout en restant fermes dans la défense des valeurs démocratiques et des droits fondamentaux. En renforçant leur unité et leur résilience, les démocrates peuvent mieux faire face aux défis internes et externes et défendre la démocratie contre toute forme de menace.

11. Les conséquences de la vision des démocrates sur la démocratie

La vision des démocrates sur la démocratie se concentre généralement sur la promotion de l'égalité, la protection des droits individuels et civils, la participation citoyenne et la transparence du gouvernement. Leur vision met l'accent sur l'importance de l'inclusion de tous les citoyens dans le processus démocratique, en veillant à ce que chacun ait une voix dans la prise de décision politique.

Les démocrates croient en l'importance de protéger les droits des minorités, des femmes, des LGBTQ+ et d'autres groupes marginalisés, afin de garantir une société plus équitable et juste pour tous. Ils soutiennent également l'idée que le gouvernement doit être transparent et responsable en rendant des comptes aux citoyens, en respectant les lois et en agissant dans l'intérêt public.

En ce qui concerne les conséquences de la vision des démocrates sur la démocratie, plusieurs aspects sont importants à souligner :

1. Renforcement de l'engagement citoyen : Les démocrates encouragent la participation active des citoyens dans le processus démocratique, en votant lors des élections, en s'engageant dans des actions politiques et en exprimant leurs opinions. Leur vision cherche à renforcer la confiance des citoyens dans le gouvernement en les impliquant dans la prise de décisions qui les concernent.

2. Protection des droits individuels : Les démocrates mettent l'accent sur la protection des droits individuels et civils, tels que la liberté d'expression, la liberté de culte, le droit à l'égalité et à la non-discrimination. Leur vision vise à garantir que tous les citoyens puissent exercer pleinement leurs droits sans être discriminés ou marginalisés.

3. Promotion de l'égalité : Les démocrates s'efforcent de promouvoir l'égalité des chances pour tous les citoyens, en veillant à ce que chaque individu ait accès aux mêmes opportunités et aux mêmes droits. Leur vision cherche à réduire les inégalités sociales, économiques et politiques pour créer une société plus équitable et inclusive.

4. Transparence du gouvernement : Les démocrates défendent la transparence du gouvernement en promouvant l'accès à l'information publique, en rendant des comptes aux citoyens et en agissant de manière éthique et responsable. Leur vision cherche à prévenir la corruption et à garantir que le gouvernement agisse dans l'intérêt public.

En termes plus larges, la vision des démocrates sur la démocratie a des implications profondes sur la manière dont la société fonctionne et sur la manière dont les décisions politiques sont prises. Voici quelques conséquences supplémentaires de leur vision :

5. Renforcement de l'état de droit : Les démocrates sont attachés à l'idée que tous les citoyens doivent être égaux devant la loi et que le gouvernement doit respecter les principes de l'état de droit. Leur vision vise à garantir que les décisions politiques sont prises de

manière transparente, légale et équitable, et qu'aucun individu ou groupe ne soit au-dessus de la loi.

6. Protection de la liberté de la presse : Les démocrates considèrent que la liberté de la presse est essentielle pour une société démocratique, car elle permet de tenir le gouvernement responsable et d'informer les citoyens. Leur vision soutient la liberté d'expression et la liberté des médias, en veillant à ce que ceux-ci puissent fonctionner de manière indépendante et critique.

7. Promotion du dialogue et du compromis : Les démocrates valorisent le dialogue et le compromis dans le processus politique, en encourageant la collaboration entre les différents acteurs politiques pour parvenir à des solutions inclusives et durables. Leur vision cherche à favoriser le débat démocratique et à trouver des compromis qui respectent les divers points de vue et les intérêts de tous les citoyens.

En définitive, la vision des démocrates sur la démocratie a pour objectif de renforcer les fondements de la démocratie en promouvant l'égalité, la participation citoyenne, la transparence du gouvernement et le respect des droits individuels. Leurs idées visent à créer une société plus juste, inclusive, responsable et transparente, où tous les citoyens se sentent représentés et ont voix au chapitre dans les décisions qui les affectent.

En conclusion, la vision des démocrates sur la démocratie se caractérise par leur engagement en faveur de l'égalité, de la protection des droits individuels, de la participation citoyenne et de la transparence du gouvernement. Leurs idées visent à renforcer la démocratie en favorisant une société plus juste, inclusive et équitable pour tous les citoyens.

12. Les possibles alternatives à la vision des démocrates

Il existe plusieurs alternatives possibles à la vision des démocrates sur la démocratie, qui sont défendues par d'autres courants politiques ou idéologiques. Ces alternatives mettent l'accent sur d'autres valeurs, principes et objectifs, et peuvent donner lieu à des systèmes politiques et sociaux différents. Voici quelques-unes des alternatives les plus courantes :

1. Conservatisme : Les conservateurs politiques mettent souvent l'accent sur la préservation des traditions, des institutions et des valeurs culturelles existantes. Leur vision de la démocratie peut être plus axée sur la stabilité, la sécurité et la préservation de l'ordre établi, parfois au détriment de l'innovation, du progrès social et de l'égalité. Ils peuvent également valoriser la responsabilité individuelle, la libre entreprise et des structures politiques plus hiérarchisées.

2. Populisme : Les mouvements populistes mettent en avant la volonté du peuple et s'opposent souvent à ce qu'ils perçoivent comme une élite politique ou économique déconnectée. Leur vision de la démocratie peut être plus axée sur le pouvoir direct du peuple et la prise de décisions politiques impulsées par les opinions et les intérêts populaires. Cela peut parfois se traduire par un rejet des institutions démocratiques traditionnelles et une polarisation accrue de la société.

3. Autoritarisme : Les régimes autoritaires ou totalitaires rejettent souvent les principes démocratiques tels que la participation citoyenne, la liberté d'expression et l'état de droit. Leur vision de la démocratie repose souvent sur un pouvoir centralisé et contrôlé par une seule entité ou un petit groupe, au détriment des libertés individuelles et des droits civils. Ces régimes peuvent utiliser la répression, la censure et la manipulation de l'information pour maintenir leur pouvoir.

4. Libéralisme classique : Les libéraux classiques mettent l'accent sur la liberté individuelle, l'égalité des chances et la protection des droits naturels. Leur vision de la démocratie peut être plus axée sur la limitation du pouvoir du gouvernement, la protection des droits de propriété et la promotion de l'économie de marché. Ils peuvent soutenir des institutions démocratiques pour garantir la liberté et la protection des droits individuels.

D'un développement plus détaillé et plus large, il convient de mentionner d'autres alternatives moins courantes mais tout aussi significatives, telles que le socialisme, l'anarchisme, le nationalisme ou encore le libertarianisme.

1. Socialisme : Les socialistes soutiennent souvent une vision de la démocratie axée sur l'égalité économique, sociale et politique. Ils prônent la propriété collective des moyens de production, la redistribution des richesses et la garantie des droits sociaux fondamentaux pour tous les citoyens. Leur vision de la démocratie peut inclure des formes de démocratie directe et participative, ainsi que des garanties contre les inégalités économiques et sociales.

2. Anarchisme : Les anarchistes rejettent généralement toute forme de gouvernement et de domination, favorisant des formes d'organisation sociale horizontales, décentralisées et autogérées. Leur vision de la démocratie est souvent associée à une démocratie directe et à la prise de décisions collectives par consentement mutuel. Ils prônent la participation citoyenne et la coopération plutôt que la compétition et la hiérarchie.

3. Nationalisme : Les nationalistes mettent en avant l'identité nationale, la souveraineté et la protection des intérêts nationaux. Leur vision de la démocratie peut être teintée d'un fort attachement à la nation, à la culture et à la tradition, et peut parfois s'accompagner d'un discours exclusif vis-à-vis des groupes minoritaires ou étrangers. Ils peuvent valoriser la défense de la patrie, la préservation de l'identité nationale et la souveraineté populaire.

4. Libertarianisme : Les libertariens prônent une vision de la démocratie limitée au strict respect des droits individuels et des libertés civiles. Ils mettent l'accent sur la primauté de l'individu, la propriété privée, la liberté contractuelle et la non-ingérence du gouvernement dans les affaires privées. Leur vision de la démocratie peut être associée à un Etat minimal et à une économie de marché non régulée.

Ces différentes alternatives à la vision des démocrates illustrent la diversité des idées politiques et des cadres idéologiques qui influencent les conceptions de la démocratie dans le monde. Chacune de ces visions propose des solutions et des perspectives différentes sur la manière dont la société devrait être organisée et gouvernée. Le débat démocratique et la pluralité des opinions sont essentiels pour garantir une démocratie dynamique et évolutive, capable de répondre aux besoins et aux aspirations d'une société diversifiée.

Il est important de noter que ces différentes visions et alternatives à la vision des démocrates ne sont pas mutuellement exclusives, et peuvent parfois se chevaucher ou coexister dans un système politique complexe. Chaque courant politique a ses propres idées sur la manière dont la démocratie devrait fonctionner et sur les valeurs qui devraient la guider. En fin de compte, c'est le débat et la négociation entre ces différents points de vue qui façonnent le fonctionnement des sociétés démocratiques.

13. Les réactions de la société face à la remise en cause de la démocratie par les démocrates

La remise en cause de la démocratie par certains membres de la société, en l'occurrence les démocrates, peut susciter des réactions diverses et souvent passionnées. Voici quelques réactions courantes et des explications plus détaillées sur chacune d'entre elles :

1. Méfiance et critique : Certains membres de la société peuvent réagir avec méfiance face à la remise en cause de la démocratie par les démocrates. Ils peuvent considérer que la remise en cause de ce système politique fondamental est dangereuse pour la stabilité et la cohésion sociale. Ces personnes peuvent critiquer les démocrates pour leur posture contestataire, estimant qu'ils mettent en péril les fondements même de la démocratie.

2. Débat et dialogue : D'autres membres de la société peuvent réagir en favorisant le débat et le dialogue avec les démocrates remettant en cause la démocratie. Ils peuvent considérer que la remise en cause est légitime dans une société démocratique et qu'elle peut contribuer à enrichir les discussions politiques et à faire évoluer le système en place. Ces personnes encouragent souvent la confrontation d'idées et la recherche de solutions alternatives.

3. Répression et censure : Dans certains cas, les autorités ou d'autres groupes politiques peuvent réagir à la remise en cause de la démocratie par les démocrates en recourant à la répression et à la

censure. Les actions de dissidence peuvent être réprimées, les voix critiques muselées ou les libertés civiles restreintes. Cette réaction peut refléter une volonté de maintenir l'ordre établi et de préserver les intérêts des groupes au pouvoir.

4. Soutien et solidarité : Enfin, certains membres de la société peuvent réagir en apportant leur soutien et leur solidarité aux démocrates remettant en cause la démocratie. Ils peuvent partager les préoccupations et les revendications de ces individus, et se mobiliser pour défendre les valeurs démocratiques et les droits fondamentaux. Cette réaction peut s'exprimer à travers des manifestations, des pétitions ou d'autres formes d'engagement citoyen.

La remise en cause de la démocratie par certains membres de la société, en l'occurrence les démocrates, peut susciter des réactions diverses et souvent passionnées. Voici quelques réactions courantes et des explications plus détaillées sur chacune d'entre elles :

1. Méfiance et critique : Certains membres de la société peuvent réagir avec méfiance face à la remise en cause de la démocratie par les démocrates. Ils peuvent considérer que la remise en cause de ce système politique fondamental est dangereuse pour la stabilité et la cohésion sociale. Ces personnes peuvent critiquer les démocrates pour leur posture contestataire, estimant qu'ils mettent en péril les fondements même de la démocratie.

2. Débat et dialogue : D'autres membres de la société peuvent réagir en favorisant le débat et le dialogue avec les démocrates remettant en cause la démocratie. Ils peuvent considérer que la remise en cause est légitime dans une société démocratique et qu'elle peut contribuer à enrichir les discussions politiques et à faire évoluer le système en place. Ces personnes encouragent souvent la confrontation d'idées et la recherche de solutions alternatives.

3. Répression et censure : Dans certains cas, les autorités ou d'autres groupes politiques peuvent réagir à la remise en cause de la démocratie par les démocrates en recourant à la répression et à la censure. Les actions de dissidence peuvent être réprimées, les voix critiques muselées ou les libertés civiles restreintes. Cette réaction peut refléter une volonté de maintenir l'ordre établi et de préserver les intérêts des groupes au pouvoir.

4. Soutien et solidarité : Enfin, certains membres de la société peuvent réagir en apportant leur soutien et leur solidarité aux démocrates remettant en cause la démocratie. Ils peuvent partager les préoccupations et les revendications de ces individus, et se mobiliser pour défendre les valeurs démocratiques et les droits fondamentaux. Cette réaction peut s'exprimer à travers des manifestations, des pétitions ou d'autres formes d'engagement citoyen.

En définitive, les réactions de la société face à la remise en cause de la démocratie par les démocrates reflètent la diversité des opinions et des perspectives politiques au sein d'une communauté donnée. Le débat démocratique et la confrontation d'idées sont essentiels pour garantir une coexistence pacifique et respectueuse des différentes sensibilités politiques. Il est important de favoriser un dialogue ouvert et constructif, tout en préservant les principes démocratiques fondamentaux tels que la liberté d'expression et le pluralisme politique.

En définitive, les réactions de la société face à la remise en cause de la démocratie par les démocrates reflètent la diversité des opinions et des perspectives politiques au sein d'une communauté donnée. Le débat démocratique et la confrontation d'idées sont essentiels pour garantir une coexistence pacifique et respectueuse des différentes sensibilités politiques. Il est important de favoriser un dialogue ouvert et constructif, tout en préservant les principes démocratiques fondamentaux tels que la liberté d'expression et le pluralisme politique.

14. Les mouvements de contestation contre les démocrates

Les mouvements de contestation contre les démocrates qui remettent en cause la démocratie peuvent prendre différentes formes et susciter des réactions variées au sein de la société. Voici un développement plus détaillé et large sur ces mouvements de contestation :

1. Opposition politique : Certains partis politiques ou groupes d'individus peuvent s'opposer fermement aux démocrates qui remettent en cause la démocratie. Ils peuvent percevoir ces contestations comme une menace pour l'ordre établi et la stabilité sociale, et chercher à les contrer en mobilisant leurs propres partisans et en exerçant des pressions politiques.

2. Manipulation de l'opinion publique : Les mouvements de contestation contre les démocrates peuvent également être alimentés par une manipulation de l'opinion publique. Certains acteurs politiques ou médiatiques peuvent chercher à diaboliser les démocrates contestataires en les présentant comme des ennemis de la démocratie, des extrémistes ou des agitateurs dangereux, afin de discréditer leurs revendications.

3. Répression et intimidation : Dans certains cas, les mouvements de contestation contre les démocrates peuvent recourir à la répression et à l'intimidation pour faire taire les voix dissidentes. Les

manifestants peuvent être arrêtés, les rassemblements dispersés et les médias indépendants censurés. Cette répression peut viser à étouffer toute forme de contestation et à maintenir le statu quo politique en place.

4. Polarisation et division : Les mouvements de contestation contre les démocrates peuvent également contribuer à accentuer les divisions au sein de la société. Les discours de haine, les attaques personnelles et les campagnes de diffamation peuvent nourrir un climat de tension et de méfiance entre les différents groupes politiques, compromettant ainsi les possibilités de dialogue et de compromis.

5. Renforcement des institutions démocratiques : Pour faire face aux mouvements de contestation contre les démocrates, il est crucial de renforcer les institutions démocratiques et de consolider l'État de droit. Cela implique de garantir l'indépendance du pouvoir judiciaire, de protéger les droits de l'homme et les libertés civiques, et de promouvoir la transparence et la responsabilité des gouvernants. En renforçant les mécanismes de contrôle et d'équilibre des pouvoirs, il est possible de prévenir les abus de pouvoir et de défendre les valeurs démocratiques fondamentales.

6. Dialogue et compromis : Plutôt que d'adopter une approche autoritaire face aux mouvements de contestation, il est préférable de promouvoir le dialogue et le compromis comme moyens de résoudre les conflits politiques. En favorisant la communication ouverte et la négociation entre les différentes parties prenantes, il est possible de

trouver des solutions inclusives et durables aux problèmes politiques et sociaux qui alimentent les contestations contre les démocrates.

7. Renforcement de la résilience démocratique : Face aux défis posés par les mouvements de contestation, il est nécessaire de renforcer la résilience démocratique des sociétés et des institutions. Cela implique de promouvoir l'éducation civique, la participation citoyenne et le pluralisme politique, afin de renforcer la culture démocratique et de prévenir les dérives autoritaires. En favorisant l'engagement des citoyens dans la vie politique et en protégeant les espaces de débat public, il est possible de renforcer la stabilité et la légitimité des régimes démocratiques.

En conclusion, les mouvements de contestation contre les démocrates peuvent représenter un défi majeur pour la démocratie, mais en adoptant des stratégies basées sur le respect des droits fondamentaux, le dialogue intercommunautaire et le renforcement des institutions démocratiques, il est possible de surmonter ces tensions et de préserver les valeurs démocratiques essentielles. La défense de la démocratie nécessite un engagement continu et collectif de la part de tous les acteurs politiques, sociaux et citoyens, afin de garantir un avenir démocratique et inclusif pour tous.

Face à ces mouvements de contestation, il est essentiel de promouvoir la tolérance, le respect des droits fondamentaux et le dialogue intercommunautaire. Il est nécessaire de défendre la liberté d'expression et de réunion, et de garantir un espace public où les opinions divergentes peuvent être exprimées de manière pacifique et constructive. En encourageant le débat démocratique et en favorisant l'inclusion de toutes les voix dans le processus politique, il est possible de surmonter les tensions et les conflits liés aux contestations contre la démocratie.

15. Les perspectives d'évolution de la relation entre les démocrates et la démocratie

La relation entre les démocrates et la démocratie est complexe et en constante évolution, et les perspectives d'évolution de cette relation sont cruciales pour la préservation et le renforcement des principes démocratiques. Voici quelques éléments à prendre en compte pour envisager l'évolution de cette relation dans les années à venir :

1. Renforcement de la démocratie participative : Alors que la démocratie représentative reste le pilier des systèmes démocratiques actuels, il y a de plus en plus de demandes pour une démocratie plus participative et inclusive. Les citoyens veulent être davantage impliqués dans le processus décisionnel, tant au niveau local que national, et souhaitent avoir plus de possibilités de contribuer aux politiques qui les affectent directement. Cela nécessitera une ouverture des institutions démocratiques et une adaptation des processus pour permettre une plus grande participation citoyenne.

2. Renforcement de la transparence et de la responsabilité : La lutte contre la corruption et le manque de responsabilité des gouvernants sont des préoccupations majeures pour les démocrates et les citoyens. Pour renforcer la confiance dans les institutions démocratiques, il est essentiel de promouvoir la transparence, la reddition de comptes et la lutte contre la corruption à tous les niveaux. Cela implique de renforcer les mécanismes de contrôle et de supervision des pouvoirs publics, ainsi que de garantir l'accès à l'information et la participation des citoyens dans le processus décisionnel.

3. Promotion de la diversité et de l'inclusion : La démocratie repose sur le principe d'égalité et de respect de la diversité des opinions, des identités et des valeurs au sein de la société. Il est essentiel de promouvoir l'inclusion et la diversité dans les processus politiques et de défendre les droits de toutes les minorités et groupes marginalisés. Cela nécessite une reconnaissance et un respect mutuel des différences, ainsi que la promotion d'une culture de dialogue et de tolérance pour construire des sociétés démocratiques plus justes et inclusives.

4. Adaptation aux nouveaux enjeux : Les démocraties doivent également être capables de s'adapter aux nouveaux défis et enjeux qui se posent, tels que les évolutions technologiques, les changements climatiques, les migrations, la mondialisation, etc. Il est essentiel de trouver des solutions démocratiques et durables pour répondre à ces défis, en tenant compte des besoins et des aspirations de l'ensemble de la société. Cela nécessite une gouvernance démocratique efficace et innovante, ainsi qu'une collaboration internationale renforcée pour faire face aux défis mondiaux.

5. Renforcement de l'éducation civique : Pour garantir la pérennité de la démocratie, il est indispensable d'investir dans l'éducation civique et la sensibilisation des citoyens aux principes démocratiques. Il est crucial d'encourager la participation politique des jeunes générations, de les sensibiliser aux enjeux démocratiques et de les former à exercer pleinement leurs droits et leurs devoirs de citoyens. Une population informée, éduquée et consciente de ses responsabilités est essentielle pour préserver et renforcer la démocratie à long terme.

6. Renforcement de la coopération internationale : Les défis auxquels les démocraties sont confrontées aujourd'hui sont de plus en plus transnationaux, ce qui nécessite une coopération internationale renforcée pour y faire face. Il est essentiel de promouvoir la démocratie à l'échelle mondiale, de défendre les valeurs démocratiques universelles et de collaborer avec d'autres nations démocratiques pour relever les défis communs. La solidarité entre les démocraties est essentielle pour lutter contre les menaces à la démocratie, telles que l'autoritarisme, le populisme et les atteintes aux droits de l'homme.

7. Adhésion aux standards démocratiques : Pour être reconnues et respectées en tant que démocraties, les nations doivent respecter les standards démocratiques internationalement reconnus, tels que le respect des droits de l'homme, l'indépendance de la justice, la liberté de la presse, l'égalité des citoyens devant la loi, etc. Il est essentiel de renforcer les institutions démocratiques, de lutter contre les abus de pouvoir et les violations des droits de l'homme, et de promouvoir une culture démocratique basée sur la justice, l'égalité et la liberté pour tous.

En définitive, les perspectives d'évolution de la relation entre les démocrates et la démocratie reposent sur la capacité des acteurs politiques, des institutions et des citoyens à agir de manière responsable, inclusive et transparente pour promouvoir et défendre les principes démocratiques à tous les niveaux. Il est essentiel de rester vigilants, engagés et mobilisés pour préserver et renforcer la démocratie en tant que système politique fondamental pour garantir le respect des libertés, des droits et des aspirations de tous les citoyens.

En conclusion, les perspectives d'évolution de la relation entre les démocrates et la démocratie reposent sur la capacité des acteurs politiques, sociaux et citoyens à mettre en œuvre des réformes et des initiatives visant à renforcer les principes démocratiques, à promouvoir la participation citoyenne, à garantir la transparence et la responsabilité, à défendre la diversité et l'inclusion, et à s'adapter aux nouveaux enjeux de la société contemporaine. Il est essentiel de continuer à défendre les valeurs démocratiques fondamentales et à travailler collectivement pour construire des sociétés plus justes, libres et égalitaires pour tous.

16. Les enjeux de la démocratie face aux aspirations des démocrates

Les enjeux de la démocratie sont nombreux et complexes, et ils prennent une importance particulière face aux aspirations des démocrates qui cherchent à promouvoir et à défendre les principes démocratiques. Voici quelques-uns des enjeux clés auxquels les démocrates sont confrontés dans leur lutte pour une démocratie renforcée et inclusive :

1. Participation citoyenne : Un enjeu majeur pour les démocrates est de promouvoir une participation citoyenne active et éclairée dans la vie démocratique. Il est essentiel d'encourager les citoyens à s'impliquer dans le processus politique, à exercer leur droit de vote et à contribuer à la prise de décision collective. Les démocrates doivent lutter contre l'apathie politique et l'abstentionnisme, et œuvrer pour une démocratie participative où chacun a voix au chapitre.

2. Transparence et accountability : Un autre enjeu important est de garantir la transparence et la responsabilité des institutions démocratiques. Les démocrates doivent lutter contre la corruption, les conflits d'intérêts et les pratiques non démocratiques qui sapent la confiance des citoyens dans le système politique. Il est essentiel de renforcer les mécanismes de contrôle, de transparence et de reddition de comptes pour garantir l'intégrité et la légitimité des institutions démocratiques.

3. Inclusivité et égalité : Les démocrates aspirent à une démocratie inclusive, où tous les citoyens, quelles que soient leur origine, leur appartenance ethnique, leur genre ou leur orientation sexuelle, ont les mêmes droits et les mêmes opportunités de participer à la vie démocratique. Il est crucial de lutter contre les discriminations et les inégalités, de promouvoir la diversité et l'inclusion, et de garantir l'égalité des droits pour tous les citoyens.

4. Protection des droits fondamentaux : Les démocrates cherchent à protéger et à promouvoir les droits fondamentaux de tous les citoyens, tels que la liberté d'expression, la liberté de la presse, la liberté de réunion, la liberté de conscience, etc. Il est essentiel de défendre ces droits contre toute atteinte, qu'elle vienne des autorités publiques, des groupes extrémistes ou de toute autre source, et de garantir un environnement sûr et respectueux pour la liberté individuelle et collective.

5. Renforcement de la résilience démocratique : Les démocrates doivent également faire face à des défis externes, tels que les menaces autoritaires, les influences étrangères, les attaques contre les institutions démocratiques, etc. Il est essentiel de renforcer la résilience démocratique en défendant les principes démocratiques, en protégeant les institutions démocratiques, en renforçant les contre-pouvoirs et en mobilisant la société civile pour défendre la démocratie face à ces menaces.

6. Renforcement de l'éducation civique : Pour répondre aux aspirations des démocrates et favoriser une participation citoyenne

active, il est essentiel de renforcer l'éducation civique et politique au sein de la population. Les démocrates doivent promouvoir une compréhension des enjeux démocratiques, des droits et des devoirs des citoyens, ainsi que des mécanismes de fonctionnement du système politique. Cela permettra de former des citoyens critiques, informés et engagés, capables de contribuer de manière constructive à la vie démocratique de leur pays.

7. Promotion de la diversité des opinions et du débat démocratique : Les démocrates doivent encourager la diversité des opinions, le pluralisme politique et le débat démocratique au sein de la société. Il est essentiel de promouvoir un espace public inclusif où chacun puisse s'exprimer librement, écouter et respecter les points de vue divergents, et participer à des discussions constructives pour parvenir à des décisions collectives éclairées. Cela contribuera à renforcer la démocratie en favorisant un dialogue ouvert et inclusif entre les citoyens.

8. Adaptation aux défis du 21e siècle : Les démocrates sont également confrontés à des défis spécifiques liés aux transformations sociales, économiques et technologiques de notre époque. Ils doivent s'adapter aux nouvelles réalités du monde contemporain, telles que la mondialisation, la digitalisation, les inégalités croissantes, les changements climatiques, etc. Il est nécessaire de repenser et de moderniser les institutions démocratiques pour répondre efficacement à ces défis et pour assurer la légitimité et la pertinence de la démocratie dans un monde en évolution rapide.

En conclusion, les enjeux de la démocratie face aux aspirations des démocrates sont nombreux et variés, et ils nécessitent une action collective et coordonnée pour renforcer et défendre les principes démocratiques fondamentaux. Les démocrates doivent s'engager à promouvoir une démocratie participative, transparente, inclusive et égalitaire, tout en faisant face aux défis internes et externes qui menacent la pérennité de la démocratie. En œuvrant ensemble pour développer et consolider la démocratie, les démocrates pourront faire progresser une société plus juste, démocratique et respectueuse des droits de tous ses citoyens.

En somme, les enjeux de la démocratie face aux aspirations des démocrates sont multiples et complexes, et ils nécessitent une action concertée et engagée de la part de tous les acteurs impliqués pour renforcer et défendre les principes démocratiques essentiels à une société juste, équitable et inclusive. La démocratie n'est pas un acquis, mais un processus dynamique qui nécessite une vigilance constante et un engagement continu pour garantir son maintien et son développement dans un monde en évolution constante.

17. Les questionnements sur la compatibilité entre les objectifs des démocrates et les principes démocratiques

Les questionnements sur la compatibilité entre les objectifs des démocrates et les principes démocratiques sont essentiels pour garantir l'intégrité et la légitimité du système démocratique. En effet, même si les démocrates partagent généralement des valeurs communes telles que la promotion de la liberté, de l'égalité, de la justice et de la participation citoyenne, il peut exister des tensions ou des contradictions entre leurs objectifs politiques spécifiques et les principes démocratiques fondamentaux.

L'un des principaux questionnements réside dans la manière dont les démocrates exercent le pouvoir une fois qu'ils sont au gouvernement. Les démocraties reposent sur la séparation des pouvoirs, le respect des droits individuels et des libertés publiques, ainsi que sur le contrôle et l'équilibre entre les différentes institutions de l'État. Les démocrates doivent donc veiller à ne pas outrepasser leurs prérogatives, à respecter les règles de l'État de droit et à garantir la protection des droits de l'opposition et des minorités.

Par ailleurs, la question de la transparence et de la responsabilité des démocrates est cruciale pour maintenir la confiance des citoyens dans le système démocratique. Les démocrates doivent être transparents dans leurs prises de décision, rendre des comptes à la population, et lutter contre la corruption et les conflits d'intérêts. Ils doivent également garantir l'accès à l'information et favoriser la participation citoyenne pour renforcer la légitimité et la crédibilité de leurs actions.

Un autre point de préoccupation concerne la promotion de la diversité et de l'inclusion au sein des mouvements démocratiques. Les démocrates doivent veiller à ce que leurs actions ne discriminent pas ou n'excluent pas certains groupes de la société, notamment les minorités ethniques, les femmes, les personnes LGBTQ+ ou les personnes en situation de handicap. Ils doivent promouvoir l'égalité des chances, la représentativité et la diversité des opinions pour assurer une gouvernance démocratique véritablement inclusive et équitable.

Pour poursuivre le développement, il est important de souligner que les questionnements sur la compatibilité entre les objectifs des démocrates et les principes démocratiques ne sont pas statiques, mais évoluent en fonction des contextes politiques, sociaux et économiques. Ainsi, il est crucial pour les démocrates de s'adapter aux défis et aux évolutions de la société pour garantir la pertinence et la légitimité de leurs actions.

Par exemple, dans un contexte de mondialisation et de transformation numérique, les démocrates doivent faire face à de nouvelles problématiques telles que la protection des données personnelles, la régulation des plateformes numériques ou la lutte contre les discours de haine en ligne. Ils doivent être proactifs dans l'adaptation des institutions démocratiques aux enjeux contemporains et veiller à ce que les droits et les valeurs démocratiques soient pleinement respectés dans le monde numérique.

De plus, les démocrates doivent également être conscients des risques de polarisation politique et sociale qui peuvent fragiliser les fondements de la démocratie. Il est essentiel de promouvoir le dialogue, la tolérance et le respect des opinions différentes pour préserver la cohésion sociale et politique. Les démocrates doivent être capables de transcender les clivages partisans et de rechercher des solutions consensuelles pour faire face aux défis communs.

Enfin, il est important pour les démocrates de rester vigilants face aux dérives autoritaires ou populistes qui peuvent menacer la démocratie. Ils doivent promouvoir une gouvernance démocratique basée sur le respect des droits fondamentaux, la primauté du droit et la séparation des pouvoirs. Ils doivent défendre les institutions démocratiques contre toute forme de déstabilisation ou de remise en cause de l'ordre constitutionnel.

En conclusion, les questionnements sur la compatibilité entre les objectifs des démocrates et les principes démocratiques sont essentiels pour garantir la vitalité et la légitimité de la démocratie. Les démocrates doivent être conscients des défis et des enjeux auxquels ils sont confrontés, et être prêts à défendre activement les valeurs et les principes démocratiques pour assurer un avenir démocratique durable et prospère.

Enfin, les démocrates doivent également être conscients des défis auxquels sont confrontées les démocraties dans un contexte mondial de montée des populismes, de remises en cause des institutions internationales et de régressions autoritaires. Ils doivent rester vigilants face aux menaces qui pèsent sur les valeurs démocratiques universelles, telles que l'attaque des libertés civiles, la désinformation, les ingérences étrangères ou les tentatives de déstabilisation de l'ordre démocratique.

En définitive, les questionnements sur la compatibilité entre les objectifs des démocrates et les principes démocratiques sont essentiels pour garantir la pérennité et la vitalité de la démocratie. Les démocrates doivent être à l'écoute de ces préoccupations, être prêts à les affronter avec engagement et détermination, et à œuvrer ensemble pour promouvoir une démocratie véritablement inclusive, responsable et solidaire.

Conclusion :

La relation complexe entre les démocrates et la démocratie soulève des questionnements sur la compatibilité entre les objectifs politiques individuels et les principes démocratiques. Il est crucial de rester vigilant face aux possibles dérives des démocrates et de défendre les fondements de la démocratie pour garantir une gouvernance juste et équitable. Au final, il est essentiel de trouver un équilibre entre la réalisation des objectifs politiques et le respect des valeurs démocratiques pour préserver l'intégrité de notre système politique.

Section de référence

Certains auteurs et chercheurs qui ont abordé la question de la relation entre les partis démocrates et la démocratie incluent :

1. Sheldon Wolin, "Democracy Incorporated: Managed Democracy and the Specter of Inverted Totalitarianism"

2. Noam Chomsky, linguiste et activiste politique, « Réflexions sur la démocratie américaine & Les schémas du vote et de l'abstention, Cabris », Éditions Sulliver, 2001

3. Francis Fukuyama, politologue et philosophe politique, qui a discuté des défis auxquels la démocratie est confrontée dans son ouvrage "The End of History and the Last Man" éditions Free Press, 1992

4. Robert Dahl, politologue américain, auteur de "On Democracy", Yale Nota Bene, 2000, où il explore les différentes formes de démocratie et les forces qui les soutiennent ou les menacent.

Ces auteurs et d'autres encore ont discuté des tensions et des défis que les partis démocrates peuvent rencontrer dans la poursuite de leurs objectifs politiques au sein d'un système démocratique. Vous pouvez consulter leurs travaux pour approfondir votre compréhension de cette question.

Printed by Books on Demand GmbH, Norderstedt / Germany